26

CATALOGUE

D'ESTAMPES & DESSINS

CATALOGUE

D'UNE COLLECTION

D'ESTAMPES

ANCIENNES ET QUELQUES MODERNES

DONT

Une Partie de l'Œuvre de REMBRANDT

DE

DESSINS

ANCIENS ET MODERNES

Des Différentes Écoles Française, Flamande et Italienne

PROVENANT DE LA COLLECTION DE M. C. B***

DONT LA VENTE AUX ENCHÈRES PUBLIQUES AURA LIEU

Les 19 et 20 Mars 1860, à une heure précise

EN L'HOTEL DES COMMISSAIRES-PRISEURS

Rue Drouot, n° 5,

SALLE N° 3

Par le ministère de Mᵉ **DELBERGUE-CORMONT**, Commiss^{re}-Priseur,
rue de Provence, 8 ;
Assisté de M. **CLÉMENT**, Marchand d'Estampes de la Bibliothèque
impériale, rue des Saints-Pères, 5,
Chez lesquels se distribue le présent Catalogue.

EXPOSITION PUBLIQUE

Le Dimanche 18 Mars 1860, de 1 heure à 4 heures.

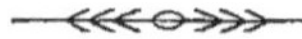

PARIS

RENOU ET MAULDE

IMPRIMEURS DE LA COMPAGNIE DES COMMISSAIRES-PRISEURS
rue de Rivoli, 144

1860

ORDRE DES VACATIONS.

—

Lundi 19 Mars, Estampes..............   N° 1 à 184

Mardi 20   —   Dessins...............   N° 1 à 116

CONDITIONS DE LA VENTE

—

Elle sera faite au comptant.

Les Acquéreurs paieront, en sus des Adjudications, cinq pour cent, applicables aux frais.

DÉSIGNATION

DES DESSINS

ANCIENS ET MODERNES.

Ecole Française.

BENEZHEC.

1 — Costume de la Comédie italienne.

Croquis au crayon de bistre, signé.

BOUCHARDON.

2 — Hercule terrassant l'Hydre.

Dessin à la sanguine. Collection Mariette.

BOUCHER.

3 — Étude d'enfant.

A la sanguine.

4 — Étude d'amour.

A la pierre noire.

L. DE BOULOGNE.

5 — Saint Jean baptisant le Christ.

Composition au lavis sur papier bleu.

Pierre BREBIETTE.

6 — Le Triomphe de la Paresse.

Composition satirique.

CHEDEL.

7 — Paysan dansant au son de la musette.

Charmant petit cul-de-lampe à la mine de plomb.

Antoine COYPEL.

8 — La Gloire.

Charmant petit dessin à la sanguine, pour la suite des médailles.

Noël COYPEL.

9 — Apollon et Mercure.

Dessin de forme ovale, à la pierre noire, sur papier gris.

Michel DORIGNY.

10 — L'Arrivée des rois mages.

Magnifique dessin au roseau.

DE LA RUE.

11 — Guerrier assis.

Sanguine dans le goût de Salvator Rosa.

DU RAMEAU.

12 — La Mise au tombeau.

Lavis rehaussé de gouache, signé.

Charles EISEN.

13 — Têtes de jeune fille et de jeune homme.

Deux études au crayon noir, sur la même feuille.

14 — Vénus et les Amours.

Gracieuse composition à la sanguine.

ÉCOLE DE FONTAINEBLEAU.

15 — Apollon et les Muses.

Étude de figures nues pour une composition du Parnasse.

Charles DE LA FOSSE. -

16 — Passage du Rhin.

Allégorie, à la pierre noire et à la sanguine, de forme cintrée.

H. FRAGONARD.

17 — Terrasse d'un parc du siècle dernier.

Croquis de verve à la pierre d'Italie.

M. FREMINET.

18 — Le Christ dans les limbes.

Curieux dessin lavé au bistre.

GRAVELOT.

19 — Frontispice pour les œuvres de Le Camus.

Joli petit titre à l'encre de Chine.

J.-B. LEMOINE.

20 — Vénus demandant à Vulcain les armes d'Achille.

Sanguine. Provenant de la collection Devéria.

J.-B. LÉPICIÉ.

21 — Etudes de mains et de bras.

Sur trois feuilles.

LEPRINCE.

22 — Le Concert rustique.

Spirituelle petite composition de costumes russes. Signée.

23 — Tête de jeune fille nue, répétée trois fois avec des études de main.

Gracieuses études à la mine de plomb.

Claude LORRAIN.

24 — Le Muletier.

Paysage à la plume et au lavis.

MALLET.

25 — L'Heureuse Famille. Deux personnes en costumes Louis XVI sont réunies dans un jardin avec leur enfant.

Projet pour un portrait de famille, sur papier bleu. Signé.

Ch. PARROCEL.

26 — Études de cavaliers pour le Manége royal.

Deux croquis à la sanguine, sur une même feuille.

27 — Costume d'homme de qualité, du temps de Louis XV.

Curieuse collection pour un tableau de chasse, à la pierre noire et à la sanguine.

J.-B. PATER.

28 — Une Jardinière poussant une brouette, un Paysan, et une étude de robe de femme,

Trois croquis à la sanguine, sur deux feuilles.

Bernard PICARD.

29 — Apollon vainqueur du monstre Python.

Dessin à la sanguine, terminé pour la gravure.

ROSSO.

30 — La Déposition de la Croix.

Composition capitale à la plume, légèrement reprise au lavis.

DE LA RUE.

31 — Amours sacrifiant à Cybèle.

Très-important dessin, contenant près de 40 études d'enfants dans toutes les poses. A la plume et au lavis.

TRÉMOLLIÈRE.

32 — Junon demandant sa ceinture à Vénus.

Dessin à l'encre de Chine.

Carle VANLOO.

33 — Étude d'évêque assis.

Cette étude à la sanguine est une de celles citées par Diderot.

Simon VOUET.

34 — Deux études de femmes, au verso et au recto de la
même feuille.

A la pierre d'Italie.

WATTEAU (de Lille).

35 — Buste de jeune fille.

Charmant costume Louis XVI, sur papier bleu rehaussé de blanc.

École Française moderne.

Léon BENOUVILLE.

36 — Le Couvent d'Albano.

Poétique étude à l'encre de Chine.

37 — Étude de femme, pour le Prophète dévoré par le lion.

Au crayon noir.

38 — Couvent dans les environs de Rome.

Paysage à la mine de plomb.

39 — Les environs de Terracine.

Magnifique. étude de paysage à la plume.

40 — L'Automne.

Deux études sur la même feuille. A la plume rehaussée de sépia

41 — L'Été.

Deux études sur la même feuille, à la plume rehaussée de sépia.

42 — Ctésilas.

Étude très-terminée, pour son envoi de Rome. Tous ces dessins et ces é
portent le timbre de la vente de Léon Benouville.

43 — Un des élèves de Raphaël.

Étude de modèle pour le tableau de la Fornarina.

44 — Étude de main.

A la sanguine.

45 — Étude de vestale, pour le *Chrétien entrant au cirque*

A l'estompe.

46 — L'Hiver.

Cette étude, de forme cintrée, ainsi que celles qui précèdent, ont servi au jeune maître pour sa décoration de l'Hôtel de Ville.

L. BOULANGER.

47 — Page à cheval.

Dessin à la plume.

DE BOISSIEU.

48 — Femme faisant sécher du linge.

Lavis à l'encre de Chine.

Auguste BELLANGÉ.

49 — Le Maquignon.

Sépia.

Scène tirée de : Grandeur et servitude militaire. Dessin à la mine de plomb.

CHARLET.

50 — Invalide assis sur un banc de pierre.

Beau dessin à la plume, plein de sentiment.

51 — Portrait de la femme de l'artiste.

Beau dessin à la mine de plomb. Signé.

52 — Napoléon Ier à cheval.

Mine de plomb.

52 — Soldat aux gardes françaises.

Mine de plomb.

E. CICERI.

53 — Paysage.

53 — Une rue.

Gouaches.

CAMBON.

54 — Souvenir de Rouen.

Lavis à l'encre.

V. DUPRÉ.

- 55 — Deux paysages.

Aquarelles.

DELARUE.

56 — Jeux d'enfants.

A la plume, lavé au bistre.

DECAMPS.

57 — Arabe assis à terre.

Mine de plomb.

57 — Juif de Smyrne.

Dessin à la plume.

58 — La Sérénade interrompue.

Un singe gratte la guitare sous les fenêtres d'une belle; le mari arrive sur la pointe des sabots, un gourdin à la main. Très importante aquarelle signée Decamps.

59 — Vue prise aux environs de Bougival.

Paysage à la mine de plomb.

60 — Le Moulin de Montmartre.

Croquis à la mine de plomb.

61 — Rouméliotes en faction.

Sépia.

62 — Jeune Fille du canton de Berne.

Croquis fait sur nature, pendant un voyage en Suisse, en juillet 1824.

63 — Paysan suisse.

Croquis à la mine de plomb.

DROLLING (le père).

64 — Deux études de femmes, l'une agenouillée ; l'autre, debout, s'appuyant au dossier d'une chaise.

Fins croquis au crayon noir.

Louis DAVID.

65 — Enée chargeant sur ses épaules son père Anchise.

Composition de la seconde manière du maître, à l'encre de Chine, avec un croquis, au dos, de la même scène.

FORBIN (le Comte de).

66 — Intérieur d'un cloître en Italie.

Bel effet de lumière à la sépia, signé et daté de 1824.

FLERS.

67 — Les Bords de la Seine.

Aquarelle.

GÉRICAULT.

68 — Le Maquignon.

Cette magnifique étude d'après nature a servi plus tard au maître pour la lithographie intitulée : *le Convoi de blessés.*

69 — Deux costumes orientaux, lavés en couleurs, sur la
même feuille.

70 — Deux autres costumes orientaux, lavés en couleurs,
sur la même feuille.

Ces quatre superbes aquarelles ont été exécutées sous les yeux de M. Léon
Cogniet.

L. GARNERAY.

71 — Marine.
Aquarelle.

Tony JOHANNOT.

72 — Mme Dorval, dans le rôle de Marguerite de Bourgogne.
Belle aquarelle faite pour M. Alph. Karr.

A. JOHANNOT.

73 — La duchesse de Montpensier et Jacques Clément.
Aquarelle.

DE JOLIMONT.

74 — Titre d'album imité des manuscrits italiens.
Miniature.

KONIG.

75 — Les Loups.
Aquarelle.

LELEUX.

76 — Paysanne bretonne assise.
Pastel fixé.

E. LOUBON.

77 — Bords de l'Oise.

Aquarelle.

MARVILLE.

78 — Chaumière normande.

Mine de plomb.

MOZIN.

79 — Marine.

Aquarelle.

Carle VERNET.

80 — Un Cavalier offre le bras à une dame pour la conduire
à sa voiture.

Spirituelle caricature au crayon.

H. VERNET.

81 — Femme italienne.

Mine de plomb.

WICKENBERG.

82 — Bords d'un canal en Hollande.

Aquarelle.

École Hollandaise et Flamande.

C. BLOEMAERT.

83 — Étude d'arbre.

Au lavis.

BACKUYSEN.

84 — Marine. Des vaisseaux, des chaloupes, des barques à voile.

Dessin lavé au bistre.

Corneille BÉGA.

85 — La Cabaretière en goguette.

Dessin capital, plein d'expression, lavé au bistre.

86 — Une Fileuse assise sur un tonneau.

Joli dessin à la sanguine.

Abraham BEGYN,

87 — Fête rustique. Des paysans et des paysannes dansent au son du violon ; un jeune gentilhomme les regarde.

Précieux dessin sur peau de vélin.

BERGMULLER.

88 — L'Amour et Psyché.

Gracieux dessin à la mine de plomb.

Jean BOTH.

89 — Paysage avec figures.

Ce beau paysage a été gravé à l'eau-forte par le maître lui-même (Bartsch., 7.), avec quelques variantes : ainsi un cavalier remplace la dame à cheval.

Pierre BOUT.

90 — Voyageurs et Pèlerins sur une route.

Très-joli dessin lavé en couleurs, contenant neuf figures et animaux.

BREEMBERG.

91 — Vue de San-Stefano Rotondo.

Petit paysage en hauteur, tout à fait semblable aux *Ruines romaines* gravées par le maître lui-même.

92 — Ruines d'un temple antique.

Dessin très-intéressant à la plume.

Antoine VAN DYCK.

93 — Portrait du comte de Pembrocke et de sa femme.

Beau croquis à la pierre noire, rehaussé de blanc.

A. VAN EVERDINGEN.

94 — Une Chaumière avec des paysans debout.

Dessin à la plume, signé.

95 — Paysage boisé, en Norwège.

Ce dessin a été gravé à l'eau-forte par le maître.

Henri GOLTZIUS.

96 — Un Guerrier nu et coiffé d'un casque à chimère, tire
son épée pour tuer une bête féroce.

Superbe dessin ovale à la sanguine.

Pierre DE LAER.

97 — Études de chevaux.

Deux dessins à la plume, pour la suite qu'il a gravée lui-même.

Jean LEDUCQ.

98 — Deux Chasseurs, l'un assis, l'autre debout.

Étude à la pierre noire sur papier de couleur.

Pierre MOLYN.

99 — Paysage s'étendant à perte de vue, avec animaux et figures.

OMMEGANCK.

100 — Une Chèvre.

Étude à la pierre noire. Le maître a indiqué lui-même en marge, par des
renvois, les divers tons de la robe.

101 — Une brebis et son agneau (étude au lavis), et des chèvres à longs poils (à la pierre noire).

Deux dessins sur la même feuille.

102 — Un bœuf vu de dos, et un cheval au pâturage.

La seconde de ces études, qui sont réunies, porte les initiales du maître
B. P. O. Elles proviennent de sa vente même.

OSSENBECK.

103 — Un Gentilhomme à cheval et une dame, qui a mis pied à terre, marchandent du poisson sur le bord de la mer.

Joli dessin lavé à la sépia, contenant onze figures.

Adrien VAN OSTADE.

104 — Deux Ivrognes sont poursuivis au sortir du cabaret par les huées de petits polissons.

Très-beau dessin, lavé en couleurs, contenant seize figures.

C. ROMEY.

105 — Un Amour fouette un Satyre lascif, qui porte sur ses épaules une Nymphe nue.

Dessin à la plume.

STOOP.

106 — Paysans assis sur un tertre.

Étude pleine de sentiment, à la pierre d'Italie.

TÉNIERS.

107 — Les Archers.

Dessin très-spirituel à la mine de plomb, contenant quatre figures en pied.

Lucas VAN UDEN.

108 — Vue de Flandre; à gauche un moulin à eau , à droite un village.

Grand et beau dessin en couleurs.

Simon DE VLIÉGER.

109 — Une Chaumière sous de grands arbres, avec figures.

Paysage à la pierre noire.

Ary DE VOYS.

110 — Portrait d'un gentilhomme, tête nue, en rabat, tenant
à la main une branche d'arbuste.

D ssin très-fin à la mine de plomb, signé A. D. Vois f. Collection Ploos van
Amstel.

T. WEBER

111 — Costumes polonais.

Lavis terminé.

WOUWERMANS.

112 — Études d'Hommes et de chevaux.

Très-précieux dessin à la sanguine.

Thomas WYCK.

113 — Vue du Ponte-Molle, à Rome, avec figures.

Beau dessin lavé.

114 — Grandes ruines romaines sur les bords du Tibre, avec
figures.

Beau dessin lavé.

Jacques DE WIT.

115 — Études d'enfants.

A la pierre noire.

ZEEMAN.

116 — Marine. Sur le devant, un vaisseau de guerre toutes voiles dehors; barques, oiseaux, figures; au loin des navires et un rivage montueux.

Magnifique dessin sur vélin, signé sur le pavillon de l'un des mâts, *Zeeman*.

DÉSIGNATION

DES ESTAMPES

ANCIENNES & MODERNES

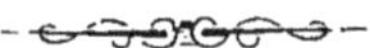

BARTOLOZZI (François).

1 — Jésus et la femme adultère, d'ap. Augustin Carrache.
Première épreuve avant toutes lettres.
Collection Debois.

BARTSCH (Adam).

2 — Eaux-fortes, d'après Wenix, Roos, Berghem, etc.
15 pièces.
Très-belles épreuves.

BEGA (Corneille).

3 — Le Paysan au chapeau bas. B. 17.
Le Paysan à la fenêtre. B. 19.
La Mère. B. 28.
Trois pièces, anciennes épreuves.

BEHAM (Hans-Sébald).

4 — La Bonne Fortune. B. 140.

Superbe épreuve du premier état.

5 — La Fortune contraire. B. 141.

Très-belle épreuve.

6 — Les deux Génies, 1544. B. 236.

Très-belle épreuve.

DE LA BELLE.

7 — Le Château Saint-Ange à Rome.

Belle épreuve.

BERGHEM (Nicolas).

8 — Le Pâtre jouant du flageolet. B. 6.

Belle épreuve.

9 — Le Berger assis sur la fontaine. B. 8.

Très-belle épreuve avec l'adresse de De Wit, et sur papier à la folie.

10 — Le Troupeau traversant le ruisseau. B. 9.

Très-belle épreuve sur papier à la folie.

BLEKER (Thomas).

11 — Le Chariot à deux roues. B. 11.

Belle épreuve.

12 — Le Cabriolet. B. 12.

Très-belle épreuve.

BOEL (Pierre).

14 — Les Aigles. B. 3.

Très-belle épreuve.

BOTH (Jean).

15 — Le Chariot attelé de bœufs. B. 2.

Deux épreuves, dont une belle.

Le Grand arbre. B. 3.

Trois pièces.

16 — Les Paysages en largeur. B. 6, 9.

Anciennes et belles épreuves.

17. — Les Cinq sens de l'homme, suite de cinq estampes.
B. 11 à 15.

Très-belles épreuves avec l'adresse de De Wit.

BOURDON (Sébastien).

18 — Les Œuvres de miséricorde, gravées par ce maître.

Très-belles épreuves du premier état.

BOUT (Pierre).

19 — La Jetée. B. 5.

Très-belle épreuve.

COCK (Excudit).

20 — Sacrifice à Priape.

Très-belle épreuve.

DURER (Albert).

21 — Adam et Ève. B. 1.

Très-belle épreuve provenant de la collection Donnadieu.

22 — Saint-Jérôme en pénitence. B. 61.

Très-belle épreuve.

23 — Sainte Geneviève. B. 63.

Très-belle épreuve de la collection Donnadieu.

EVERDINGEN (Aldert).

24 — Paysages différents. B. 22, 24 et 25.

Trois pièces.

FABER (Frédéric).

25 — Le troupeau traversant le ruisseau.

Belle épreuve tirée sur papier de Chine.

FICQUET (Étienne).

26 — Portrait de Voltaire, d'après De la Tour.

Série très-intéressante et très-rare de huit épreuves tant d'eau-forte, qu'avant et avec la lettre de ce portrait.

GALLE (Corneille).

27 — La Sainte Famille.

Très-belle épreuve.

GHISI (Diane).

28 — Un taureau offert en sacrifice à la statue de Jupiter.
B. 46.

Belle épreuve.

GOLTZIUS (Henri).

29 — Petite planche ovale représentant un écusson dans lequel est un cochon assis. B. 136.

Superbe épreuve d'une petite planche, rare.

GOLTZIUS (Invenit).

30 — Loth et ses filles.

Superbe épreuve.

GOUDT (le comte Henri).

31 — L'OEuvre complet du maître, en sept pièces.

Superbe exemplaire très-rare à trouver de cette beauté.

HECKE (Jean Van den).

32 — Différents chiens. B. 1, 9, 10.

Anciennes épreuves.

LAER (Pierre de).

33 — Les Cavaliers. B. 17.

LUCAS DE LEYDE et autres.

34 — Vingt-huit pièces environ par différents graveurs.

MAITRES ANONYMES de l'école italienne.

35 — L'Amour bandant les yeux à Mars attaché à un arbre.

Très-belle épreuve d'une pièce fort rare. B. T. xiii, p. 412.

36 — Sainte Vierge et l'Enfant Jésus entre un saint et une sainte debout.

Estampe anonyme gravée dans le goût de Robetta, et non décrite.

ANONYME ALLEMAND.

36 bis. — Samson combattant le lion.

Dessin par un vieux maître, d'après Bocholt.

MAITRE AU DÉ.

37 — L'Envie chassée du temple des Muses, d'après B. Peruzzi. B. 17.

Très-belle épreuve.

38 — Les tapisseries du pape, d'après Raphaël. B. 32.

Belle épreuve.

NICOLETO de Modène.

39 — Satyre écorchant une biche.

Très-rare estampe non décrite.

OSTADE (Adrien Van).

40 — La Fileuse. B. 31.

Très-belle épreuve avant que le trait n'ait été renforcé.

41 — Le Père de famille. B. 33.

Première et très-rare épreuve avant que le trait n'ait été renforcé.

42 — La même estampe.

Ancienne épreuve.

43 — L'homme conversant avec la femme. B. 37.

Ancienne épreuve.

PARADISI (Louis).

44 — La sainte Vierge et l'enfant Jésus, d'après Raphaël.

Très-belle épreuve avant la lettre.

PORPORATI.

45 — Suzanne au bain, d'après Santerre.

Très-belle épreuve avant la lettre.

REMBRANDT (Paul van Rhyn).

46 — Fac-simile de pièces introuvables de Rembrandt.

Trois pièces.

46 bis — Réunion sur diverses feuilles des *fac-simile* en premières épreuves qui ont servi ou serviront à illustrer l'*Œuvre complet de Rembrandt*

47 — Portrait de Rembrandt avec l'écharpe autour du cou. B. 17, Cl. 17.

Très-belle épreuve provenant de la collection Graves et d'un premier état *non décrit.*

REMBRANDT (Paul Van Rhyn).

48 — La même estampe.

Belle épreuve venant de la collection Akermann.

49 — Portrait de Rembrandt dessinant. B. 22, Cl. 22.

Ancienne épreuve.

50 — Portrait de Rembrandt au bonnet fourré et habit blanc. B. 24, Cl. 24.

Belle épreuve.

51 — Adam et Ève. B. 28, Cl. 34.

Superbe épreuve du premier état, avec un reflet de lumière sur la cuisse d'Ève.

52 — Abraham qui reçoit les trois anges. B. 29, Cl. 35.

Très-belle épreuve avec des barbes.

53 — Abraham avec son fils Isaac. B. 34, Cl. 39.

Superbe épreuve avec des barbes.

54 — Jacob pleurant la mort de son fils Joseph. B. 38, Cl. 42.

Belle épreuve d'un morceau recherché.

55 — Tobie le père, aveugle. B. 42, Cl. 46.

Très-belle épreuve.

56 — L'Ange qui disparaît devant la famille de Tobie. B. 43. Cl. 47.

Très-belle épreuve, avant les travaux de pointe sèche à la gauche d'en bas.

REMBRANDT (Paul Van Rhyn).

57 — La Nativité. B. 45, Cl. 49.

Superbe épreuve tirée sur papier à la folie, provenant de la collection d'Akermann.

58 — La Circoncision. B. 47, Cl. 51.

Très-belle épreuve d'un premier état, *non décrit*, avant les travaux terminant la planche au milieu et à la droite du haut.

59 — La même estampe.

Très-belle épreuve.

60 — Repos en Egypte. B. 58, Cl. 62.

Très-belle épreuve d'une pièce gravée, d'une pointe très-fine.

61 — La Sainte Famille. B. 63, Cl. 67.

Belle épreuve.

62 — Jésus-Christ au milieu des docteurs. B. 64, Cl. 68.

Belle épreuve.

63 — Jésus-Christ disputant avec les docteurs de la loi. B. 65, Cl. 69.

Très-belle épreuve.

64 — Jésus-Christ chassant les vendeurs hors du temple. B. 69, Cl. 73.

Très-belle épreuve du deuxième état, de Bartsch.

M. Charles Blanc, dans son excellent Catalogue de l'*Œuvre complet de Rembrandt*, dont le premier volume a paru, est d'un avis contraire à celui de Bartsch. Après mûr examen, il considère les épreuves à la grande bouche comme étant du 1er état, et cette opinion, appuyée sur d'excellentes raisons, est partagée par le Conservateur du Cabinet des estampes et par les iconophiles les plus exercés.

REMBRANDT (Paul Van Rhyn).

65 — La Samaritaine. B. 70, Cl. 74.
Très-belle épreuve.

66 — La Résurrection de Lazare. B. 72, Cl. 76.
Très-belle épreuve.

67 — Descente de croix. B. 82, Cl. 86.
Très-belle épreuve, d'une pièce rare.

68 — Jésus-Christ au tombeau. B. 86, Cl. 90.
Très-belle épreuve sur papier du Japon, d'un morceau rare.

69 — Les Disciples d'Emaüs. B. 87, Cl. 91.
Superbe épreuve.

70 — Jésus-Christ au milieu de ses disciples. B. 89. Cl. 93.
Très-belle épreuve d'un morceau que Bartsch indique comme rare.

71 — Pierre et Jean à la porte du temple. B. 94, Cl. 97.
Superbe épreuve avec une belle marge, avant les contretables du bas.

72 — Baptême de l'Eunuque. B. 98, Cl. 101.
Très-belle épreuve.

73 — Saint Jérôme. B. 102, Cl. 105.
Belle épreuve.

74 — Saint François à genoux. B. 107, Cl. 110.
Pièce capitale, des plus rares du maître.

REMBRANDT (Paul Van Rhyn).

75 — La Jeunesse surprise par la Mort. B. 108, Cl. 111.

Très-belle épreuve d'un morceau rare.

76 — La Fortune contraire. B. 111, Cl. 113.

Très-belle épreuve.

77 — La Médée, ou le Mariage de Jason et de Créuse. B. 112, Cl. 114.

Superbe épreuve du troisième état avant que le bas de la planche où étaient les vers hollandais, n'ait été coupée.

78 — La même estampe.

Superbe épreuve du même état. Elle se trouve dans un fort bel exemplaire de la tragédie de *Médée*, par le bourguemestre Six, ami de Rembrandt, car c'est pour illustrer cette tragédie, que Rembrandt composa et grava son estampe. L'édition in-fol., reliée en parchemin, dorée sur tranche et du temps, est toute première et de la plus grande rareté, même en Hollande.

79 — L'Étoile des Rois. B. 113, Cl. 115.

Belle épreuve.

80 — Chasse aux lions. B. 115, Cl. 116.

Très-belle épreuve provenant de la vente Martelli.

81 — Chasse aux lions. B. 116, Cl. 117.

Très-belle épreuve provenant de la vente Martelli.

82 — Sujet de bataille. B. 117, Cl. 119.

Superbe épreuve avec le fond sale.

83 — Trois figures orientales. B. 118, Cl. 120.

Très-belle épreuve.

REMBRANDT (Paul Van Rhyn).

84 — Les Musiciens ambulants. B. 119, Cl. 121.

Très-belle épreuve avant les travaux à la pointe sèche sur la poitrine de
l'enfant.

85 — Le petit Orfèvre. B. 123, Cl. 125,

Très-belle épreuve.

86 — La Faiseuse de kouks. B. 124, Cl. 126.

Très-belle épreuve.

87 — Le Dessinateur. B. 130, Cl. 131.

Belle épreuve.

88 — Le Paysan avec femme et enfant. B. 131, Cl. 132.

Belle épreuve.

89 — Le Joueur de cartes. B. 136, Cl. 136.

Très-belle épreuve.

90 — Homme à cheval. B. 139, Cl. 138.

Ancienne épreuve.

91 — Figure polonaise. B. 140, Cl. 139.

Belle épreuve d'une petite pièce rare.

92 — Paysan et Paysanne marchant. B. 144, Cl. 143.

Très-belle épreuve.

93 — Homme méditant B. 148, Cl. 145.

Ancienne épreuve avec une petite marge.

REMBRANDT (Paul Van Rhyn).

94 — Le petit chien endormi. B. 158, Cl. 155

Belle épreuve d'une petite pièce extrêmement rare, provenant de la vente Thorel.

95 — La Coquille. B. 159, Cl. 156.

Superbe épreuve d'une pièce très-rare, avec une belle marge.

96 — Gueux debout. B. 162, Cl. 159.

Belle épreuve.

97 — Gueux debout. B. 163. Cl. 160.

Très-belle épreuve.

98 — La Femme avec la calebasse. B. 168, Cl. 165.

Très-belle épreuve.

99 — Paysan déguenillé, les mains derrière le dos. B. 172, Cl. 169.

Très-belle épreuve.

100 — Gueux assis au bas d'un mur. B. 173, Cl. 170.

Belle épreuve.

101 — Gueux assis sur une motte de terre. B. 174, Cl. 171.

Superbe épreuve du premier état, avant le nom de Rembrandt écrit en toutes lettres.

102 — Mendiants à la porte d'une maison. B. 176, Cl. 173.

Belle et ancienne épreuve.

REMBRANDT (Paul Van Rhyn).

103 — Deux Gueux en pendants. B. 177-178, Cl. 174-175.

Très-belles épreuves provenant de la collection W. Esdaile.

104 — Le Dessinateur d'après le modèle. B. 192, Cl. 189.

Très-belle épreuve provenant de la collection Martelli.

105 — Homme nu assis. B. 193, Cl. 193.

Superbe épreuve.

105 bis. — Les Baigneurs. B. 195.

Épreuve ancienne.

106 — Académie d'un homme assis à terre. B. 196, Cl. 193.

Ancienne épreuve.

106 bis. — Figures académiques d'hommes. B. 194.

Jolie épreuve du 1er état, avant la reprise des travaux sur le cou du personnage debout, et sur l'épaule du personnage assis. Collection Verstolk de Soelen.

107 — Le Paysage aux trois arbres. B. 212, Cl. 209.

Superbe épreuve.

108 — La Chaumière au grand arbre. B. 226, Cl. 223.

Très-belle et ancienne épreuve.

109 — Homme sous une treille. B. 257, Cl. 254.

Très-belle épreuve d'une pièce rare.

110 — Vénus au bain. B. 201, Cl. 198.

Ancienne épreuve.

REMBRANDT (Paul Van Rhyn).

111 — Homme à barbe courte et bonnet fourré. B. 263, Cl. 260.

Superbe épreuve.

112 — Vieillard à barbe carrée. B. 265, Cl. 262.

Ancienne et belle épreuve.

113 — Portrait de Menassé-Ben-Israël. B. 269, Cl. 266.

Ancienne épreuve.

114 — Portrait de Faustus. B. 270, Cl. 267.

Ancienne épreuve.

115 — Portrait du jeune Haaring. B. 275, Cl. 271.

Belle épreuve, 3ᵉ état ; la planche est entière.

116 — La même estampe.

4ᵉ état, la planche coupée.

117 — Portrait de Jean Asselin. B. 277, Cl. 274.

Superbe épreuve non ébarbée sur papier du Japon, provenant de la collection J. Barnard.

118 — Uytenbogardus. Portrait octogone. B. 279, Cl. 276.

Ancienne épreuve.

119 — Vieillard à grande barbe. B. 290, Cl. 288.

Très-belle épreuve.

REMBRANDT (Paul Van Rhyn).

120 — Vieillard à grande barbe et tête chauve. B. 291, Cl. 288.

Très-belle épreuve.

121 — Vieillard à tête chauve. B. 296, Cl. 292.

Très-belle épreuve d'une pièce rare, provenant de la collection J. Barnard.

122 — Vieillard à barbe courte. B. 300, Cl 296.

Superbe épreuve du premier état à l'eau-forte pure; très-rare. Du cabinet Denon.

123 — La même estampe.

Très-belle épreuve du second état.

124 — La même estampe.

Très-rare épreuve d'un état non *décrit* entre le second et le troisième.

125 — La même estampe.

Très-belle épreuve du troisième état.

Ces quatre épreuves proviennent en dernier lieu de la collection Verstolk de Soelen.

126 — Tête d'homme de face. B. 304, Cl. 300.

Très-belle épreuve.

127 — Homme à bouche de travers. B. 305, Cl. 301.

Très-belle épreuve.

128 — Vieillard chauve à courte barbe. B. 306. Cl. 302.

Superbe épreuve.

REMBRANDT (Paul Van Rhyn).

129 — Homme avec chapeau à grands bords. B. 311, Cl. 307.
Très-belle épreuve.

130 — Portrait de Rembrandt vu de face et riant. B. 316, Cl. 29.
Superbe épreuve.

131 — Tête d'homme avec bonnet coupé. B. 320, Cl. 33.
Petite pièce rare.

132 — Vieillard à barbe carrée fort large. B. 325, Cl. 318.
Ancienne et belle épreuve.

133 — Tête grotesque. B. 327, Cl. 320.
Superbe épreuve.

134 — La grande Mariée juive. B. 340, Cl. 330.
Très-belle épreuve provenant de la collection Martelli..

135 — Vieille femme assise. B. 343, Cl. 333.
Ancienne épreuve du premier état.

136 — La Liseuse. B. 345, Cl. 335.
• Superbe et très-rare épreuve du premier état, avant que le nez ait été grossi et allongé.

137 — La même estampe.
Très-belle épreuve de l'état suivant.

REMBRANDT (Paul Van Rhyn).

138 — Tête de la mère de Rembrandt. B. 351, Cl. 341.

Très-belle épreuve.

139 — Tête de la mère de Rembrandt. B. 354, Cl. 343.

Superbe épreuve d'une charmante pièce.

140 — Vieille avec voile noir. B. 355, Cl. 345.

Superbe épreuve.

141 — Jeune fille avec panier. B. 356, Cl. 346.

Très-belle épreuve d'une pièce rare.

142 — Mauresse blanche. B. 357, Cl. 347.

Superbe épreuve d'un morceau rare.

143 — Morceau coupé des griffonnements de Rembrandt.
B. 369, Cl. 359.

144 — Griffonnements où se voit la tête de Rembrandt.
B. 363, Cl. 353.

Superbe épreuve avec une grande marge.

145 — Etude de six têtes, au milieu desquelles est le portrait
de la femme de Rembrandt. B. 365, Cl. 355.

Ancienne épreuve.

146 — Trois têtes de femmes, dont une qui dort. B. 368,
Cl. 358.

Très-belle épreuve.

REMBRANDT (Paul Van Rhyn).

147 — Portrait de vieillard avec bonnet.

148 — Portrait d'homme avec un haut bonnet.

DESSINS par REMBRANDT

149 — L'Ange disparaissant devant Tobie et sa femme.

Beau croquis à la plume et à l'encre de Chine.

Précieuse variante de la fameuse composition du Louvre. L'ange est vu de face.

150 — Deux portraits de femmes indiennes sur la même feuille.

Très-finement dessinés et lavés à l'encre de Chine.

Ces deux portraits font partie d'une suite de six dessins faits par Rembrandt, d'après des Indiens qui passèrent à Amsterdam. Les quatre autres appartiennent au British-Museum ; ils sont connus à Londres sous le nom de *Indian drawings*.

151 — Croquis spirituels et expressifs de têtes de vieillards, et un autre croquis à l'encre de Chine par Rembrandt.

Seront divisés.

RICHOMME (Joseph-Théodore).

152 — Neptune et Amphytrite, d'après Jules Romain.

Première épreuve avant la lettre, sur papier de Chine dite épreuve d'artiste.

RUBENS (d'après).

153 — Saint Ignace de Loyola, gravé par Marinus.

Très-belle épreuve avec une grande marge.

SAENREDAM (d'après Goltzius).

154 — Portrait de Molebeker.

SART (Corneille du).

155 — Le Chirurgien de village. B. 13.

Ancienne épreuve.

SCHARP (William).

156 — Sainte Cécile, d'après le Dominicain.

Très-belle et rare épreuve avant la lettre.

STAAREN (Dirck van).

157 — L'homme au poisson chimérique. B. 13.

Très-belle épreuve d'une pièce rare.

SWANEVELT (Herman).

158 — Différents animaux. B. 27, 29, 31.

Avant la lettre.

159 — Suite de quatre paysages. Manque le n° 77. B. 78, 79, 80.

Très-belles épreuves.

160 — Balaam. B. 111.

Très-belle épreuve; avant les différentes adresses ajoutées au nom du maitre.

UDEN (Lucas van).

161 — Paysage. B. 35.

Très-belle épreuve.

162 — Paysage, d'après le Titien. B. 52.

Ancienne épreuve.

UYTENBROUCK (Moïse).

163 — Le Berger et la Bergère. B. 48.

Ancienne épreuve sur papier à la folie.

VELDE (Van de).

164 — Les trois bœufs. B. 3.

Belle épreuve sur papier à la folie.

165 — Le Cheval. B. 7.

Belle épreuve sur papier à la folie.

166 — Les Chiens. B. 9.

Très-belle épreuve sur papier à la folie.

VICENCE (Joseph-Nicolas de)

167 — Clélie, d'après Maturino.

Très-belle estampe gravée sur bois et imprimée en camaïeu.

VICO (Énée).

168 — Les Lapithes combattant contre les Centaures. B. 30.

Belle épreuve.

VICO (Énée).

169 — Vulcain et ses Cyclopes, d'après le Primatice. B. 31.

Belle épreuve.

170 — Plusieurs enfants portant un cerf dans une chaudière, d'après Michel-Ange. B. 48.

Belle épreuve.

VLIEGER (Simon de).

171 — Le transport du blé. B. 5.

172 — Le Lévrier et le Chien courant. B. 11.

Jolie épreuve.

173 — Les deux lévriers. B. 12.

Belle épreuve.

174 — Les Pourceaux gras. B. 16.

175 — Les Oies. B. 17.

Jolie épreuve.

176 — Les Chèvres. B. 19.

Les six pièces précédentes sont toutes anciennes épreuves.

VOSTERMAN (Lucas).

177 — Saint Georges tuant le dragon, d'après Raphaël.

Très-belle épreuve.

WAEL (Jean-Baptiste le Vieux)

178 — Différents sujets mêlés de figures et d'animaux. Suite
de quatorze estampes. B. 1 à 14.

Très-belles épreuves.

WYCK (Thomas).

179 — La Fileuse au fuseau. B. 1.

Très-belle épreuve d'une pièce rare.

180 — La Forge. B. 9.

Très-belle épreuve.

181 — Le Mendiant qui danse. B. 11.

Superbe épreuve de la plus belle pièce du maître, qui est aussi des plus
rares.

182 — Le Mendiant mangeant du raisin. B. 12.

Très-belle épreuve d'une pièce rare.

183 — Les Matelots occupés sur le rivage. B. 17.

Très-belle épreuve d'une pièce rare.

184 — Le Pont. B. 19.

Très-belle épreuve.

RENOU et MAULDE, Imprimeurs de la Compagnie des Commissaires-Priseurs,
144, rue de Rivoli. 9048